Mit Naturmaterialien basteln und dekorieren

Christina Pfeiffer

Mit Naturmaterialien basteln und dekorieren

Für alle Jahreszeiten

Augustus Verlag

Vorwort

Wer gerne mit Naturmaterialien bastelt und dekoriert, kommt hier voll auf seine Kosten. Ausgangsbasis für dieses schöne Bastelbuch sind Materialien, die entweder die Natur reichhaltig zur Verfügung stellt oder die für wenig Geld zu bekommen sind.

Im Spiegel der Jahreszeiten wird eine Vielzahl von Ideen vorgestellt, die sich weitgehend am Kalender der Natur orientiert. So kann mit hübschen Blumenarrangements das Frühjahr eingeläutet werden. Zur Sommerzeit entstehen aus gesammeltem Strandgut ausgefallene Dekorationen, und aus den Früchten des Herbstes lassen sich mit ein bißchen Phantasie wunderbare Fabelwesen gestalten. Im Winter schaffen einzigartige Kerzenleuchter aus abgebrochenen Ästen eine romantische Atmosphäre.

Mit Naturmaterialien zu arbeiten heißt auch, der Natur nahe zu sein. Bei vielen Vorschlägen ergibt sich dazu die Möglichkeit. Beispielsweise können die selbstgebauten Nistkästen für die gefiederten Hochzeiter so aufgehängt werden, daß die Aufzucht der Jungvögel problemlos zu beobachten ist. Kinder erfahren, wie schnell die Zeltstangen von den wilden Bohnen umrankt werden oder wie leicht sich eine frische Weidenrute bearbeiten läßt.

Zahlreiche Abbildungen und detaillierte Skizzen veranschaulichen die ausführlichen Anleitungen. Mit ein bißchen handwerklichem Geschick lassen sich die Vorschläge von Erwachsenen und Kindern schnell verwirklichen. Dabei bleibt genug Spielraum für die eigene Phantasie. Daß das Buch sowohl großen als auch kleinen Bastelfans viel Spaß macht, wünscht

Christina Pfeiffer

Inhalt

Frühling

*Es gibt viele Möglichkeiten,
den Frühling zu begrüßen:
ein schmuckes Nisthäuschen für
gefiederte Hochzeiter bauen
oder einen flotten Wanderstab für
den ersten Ausflug schnitzen.
Bei diesen Ideen kommt bestimmt
Frühlingslaune auf!*

Duftende Frühlingsblumen

Blumen sind die ersten Boten des Frühlings. Duftende Hyazinthen, farbenprächtige Tulpen und gelbglühende Narzissen begrüßen den Lenz. Wer keinen Garten hat, zieht die Blumenpracht im Haus oder auf dem Balkon heran.

▽ Frühlingsblumen wie Narzissen, Primeln und Hyazinthen lassen sich hübsch in Körben oder Schalen arrangieren. Die Körbe werden vor dem Bepflanzen mit wasserdichter Folie ausgelegt.

Blumenkorb und Topfgalerie

1 Zwiebeln und Knollen im Oktober in Blumentöpfe mit Gartenerde setzen. Die Zwiebelspitze sollte noch etwas aus der Erde herausragen.

2 Während der Wurzelbildung die Töpfe in einen dunklen Raum (Keller) bei ca. 9 °C stellen. Die Töpfe können auch auf dem Balkon aufbewahrt werden, dann sollten sie aber in einer Kiste mit Strohdämmung vor Frost geschützt werden.

3 Wenn die Zwiebeln nach ca. zehn Wochen eingewurzelt sind, die Töpfe in einen warmen Raum (ca. 18 °C) bringen. Die Zwiebeln mäßig feucht halten, dann blühen die Blumen nach zwei bis drei Wochen auf. Die Blüten halten sich länger, wenn die Pflanzen kühl gehalten werden.

4 Die Pflanzen können als Topfgalerie aufgestellt werden. Für einen Blumenkorb legt man die Körbchen mit wasserdichter Folie aus, arrangiert die Pflanzen nach Belieben und verziert sie mit Moos, Muscheln und Bast.

△ ***Frühlingsblumen zieren als dekorativ angeordnete Topfgalerie Fenster und Balkon.***

Hyazinthen

1 Die Hyazinthe in einen Topf mit Erde setzen, so daß die Zwiebelspitze etwas herausragt.

2 Eine andere Möglichkeit, Hyazinthen anzusetzen, sind spezielle Hyazinthenbecher. Diese Methode ist besonders bei Kindern beliebt, da sie Gelegenheit zur Beobachtung des Wurzelwachstums gibt. Es eignen sich dafür auch einfache Gläser, auf deren Öffnung die Zwiebel aufgesetzt werden kann. Das Glas wird bis zum unteren Zwiebelrand mit Wasser gefüllt. Zum Nachgießen die Zwiebel leicht anheben, dabei läßt sich auch abgestandenes Wasser entfernen.

3 Anfangs mag es die Hyazinthe kühl und dunkel. Am besten, man setzt ihr ein Papierhütchen auf. Sobald die ersten Blätter herausspitzen, kann man sie ans Fenster stellen. Bald wächst eine schöne, duftende Blüte heran.

◁ ***Hyazinthen können in Töpfen mit Erde angepflanzt werden. Besonderen Spaß aber macht es, sie auf Gläser zu setzen und die Wurzelbildung mitzuverfolgen.***

Material

Blumenkorb und Topfgalerie
• Frühlingsblumen • Töpfe • sandige Lehm- oder Gartenerde • Körbchen • wasserdichte Folie, z. B. Plastiktüte • Moos • Naturbast • Muscheln • Jutestoffrest

Hyazinthen
• Hyazinthenzwiebel • Tontöpfe oder Gläser mit einer Öffnung von ca. 4 cm Durchmesser • Gartenerde

Osterkörbe aus Stroh

Stroh oder Heu wird gebunden, gedreht und zusammengenäht. So entstehen auf einfache Art Körbe und Nester in beliebigen Größen.

Körbe

1 Eine Handvoll Stroh oder Heu der Länge nach ausstreifen. An einem Ende das Garnknäuel anknoten. Jetzt nacheinander weitere Büschel auflegen und straff mit dem Garn umwickeln. Der Strang darf nicht zu dick werden, denn dann läßt er sich schwer drehen. Um die gewünschte Korbgröße zu ermitteln, wird der Strang während des Wickelns probeweise zu einem Nest gelegt.

▽ Der Heustrang wird Stück für Stück zu einem Korb gelegt. Die einzelnen Runden werden mit Garn oder Zwirn zusammengenäht, und das Schlußstück des Strangs wird zum Henkel verarbeitet.

2 In eine große Nadel Garn oder Zwirn einfädeln und an einem Strangende fest vernähen. Den Strang schneckenförmig aufdrehen und die einzelnen Runden gut miteinander vernähen. Je nachdem, wie man die Stränge legt, entsteht ein flaches, ausladendes Nest oder ein tiefer Korb von runder oder ovaler Form.

3 Für einen Henkel das letzte Stück des Strangs nach oben abknicken und die Knickstelle gut abnähen. Das Strangende auf der gegenüberliegenden Seite mit doppeltem Garn festnähen. Der Henkel kann mit einem eingeschobenen Drahtstück zusätzlich stabilisiert werden.

4 Die Henkel können abschließend mit farblich passenden Zierbändern umwickelt oder mit bunten Federn geschmückt werden.

5 Auf die gleiche Weise läßt sich aus einem kurzen Strang ein kleines Osternest drehen und zusammennähen. Dafür eignet sich natürlich auch Naturbast aus dem Baumarkt.

▷ Für die Körbe wird ein mindestens 5 bis 6 m langer Stroh- oder Heustrang gebunden.

Flauschige Küken

1 Aus Wolle ein Bällchen drehen. Wer keine Wolle zur Hand hat, verwendet farbige Wattebällchen oder Füllwatte.

2 Ein Stück des Wollbällchens mit Zwirn abbinden und daraus den Kopf formen.

3 Das Küken in eine halbe Eierschale kleben. Federn eignen sich besonders gut als Flügel. Die Federspule wird mit Klebstoff bestrichen und in die Wolle gesteckt. Aus Papierresten werden Augen, Schnabel und Kamm aufgeklebt.

Material

Körbe
• Sack Stroh oder Heu (Stroh gibt es beim Bauern oder in Zoohandlungen) • 2 Knäuel dünne Paketschnur, Zwirn oder festes Garn • große Stopfnadel • Bänder • Federn

Küken
• farbige Schafwolle, ersatzweise Watte oder Füllwatte • halbe Eierschalen • Papierreste oder Filz • Federn • Klebstoff • Schere

△ Die Körbe sind mit farblich passenden Schleifen und flauschigen Küken geschmückt. Die Bastelanleitung für die Ostereier ist auf der Seite 12 nachzulesen.

Ostereier »im Trend«

Ob dekorative Blüten- oder gekochte Blauholzeier, alle diese Techniken sind einfach und schnell nachzuarbeiten.

▷▷ Ostern mal ganz in Blau? Verziert werden die Eier mit gepreßten Frühlingsblumen.

Blauholzeier

Blauholz – das Kernholz eines in Mittelamerika und Indonesien heimischen Baumes – ist ein traditionelles Färbemittel.

1 Das rohe Ei mit einigen Blauholzspänen belegen und von der Eierkuppe ausgehend mit Papier umwickeln.

2 Mit einem nassen Wollfaden das Ei längs und quer verschnüren. Dann die verpackten Eier wie gewohnt kochen und im Wasser abkühlen lassen.

3 Die Verpackung auf Zeitungspapier lösen. Gummihandschuhe schützen die Finger vor Verfärbung. Um den Glanz zu erhöhen, werden die Schalen der getrockneten Eier mit einer Speckschwarte abgerieben.

▽ Die blaugrundierten Eier werden mit Tapetenkleister bestrichen und in Lavendelblüten gerollt.

Material

Blauholzeier
• rohe Eier • 1 kleine Tüte Blauholz, erhältlich in Apotheken oder Naturkostläden • weiches Papier oder Papiertücher • Wolle • Kochtopf • Zeitung • Speckschwarte • Gummihandschuhe

Lavendeleier
• Styropor-, Watte- oder ausgeblasene Eier • Lavendelblüten • Tapetenkleister • blaue Wasserfarbe • Zierbänder • Bastschnur • Federn • Pinsel

Blüteneier
• gekochte oder ausgeblasene Eier • kleine gepreßte Blüten und Blätter • Pinzette • Klebstoff

Lavendeleier

1 Die Eier mit blauer Wasserfarbe grundieren, dick mit angerührtem Tapetenkleister bestreichen und in einer Schale mit Lavendelblüten rollen. Die Blüten vorsichtig andrücken.

2 Die Eier etwa einen Tag lang trocknen lassen und mit farblich passenden Bändern oder Federn verzieren.

Blüteneier

Blüten, Blütenblätter und Blätter etwa zehn Tage lang zwischen dicken Büchern pressen. Dann die Blütenteile mit Hilfe einer Pinzette auf das Ei kleben.

Schicke Vogelhäuser

Genau das richtige für frisch Vermählte: In diese hübschen Häuser ziehen die Vogelpärchen gerne ein. Dort können die gefiederten Gäste auch ungestört bei der Aufzucht ihrer Jungen beobachtet werden.

▽ Sind die Häuschen zusammengezimmert, können sie mit Holzlasur oder -beize bunt angestrichen werden. Nach dem Trocknen werden sie an einem Baum oder an der Hauswand befestigt.

1 Die Einzelteile entsprechend der Bauanleitung auf den Seiten 16 und 17 mit einem Winkel aufzeichnen und zusägen.

2 Das Flugloch an der Vorderseite anzeichnen und mit einem Lochbohreraufsatz an der Bohrmaschine oder mit der Laubsäge ausschneiden. Für den Rundstab ca. 2 cm unterhalb dieser Öffnung ein weiteres Loch bohren.

3 Eine Holzleiste mit einem Abstandhölzchen an die Rückwand des Vogelhauses nageln. Mit dieser Leiste wird das Häuschen am Baum oder an der Hauswand befestigt. Das Flugloch soll gegen das Licht und nach Südosten zeigen.

4 Die Wände entsprechend der Bauanleitung zusammennageln. Zwei kleine Löcher in die Bodenplatte bohren. So kann die Feuchtigkeit entweichen.

5 Für das Starenhäuschen die Rückwand und das Dachbrett mit zwei Scharnieren zusammennageln.

6 Bei den Meisenhäuschen die Firstlinie mit Scharnieren verbinden und eine Seite der Dachhälften an die Giebelschrägen nageln. So läßt sich das Dach zum Säubern des Nistplatzes bequem öffnen.

7 Den Rundstab in die Öffnung unterhalb des Fluglochs stecken. Die Häuschen mit Holzschutzlasur einstreichen und gut trocknen lassen.

Material

• für ein Häuschen: Bretterreste oder 1 Brett, 20 cm x 130 cm stark • Holzleiste, 5 cm breit und 50 cm lang • Rundholz, ca. 1 cm Durchmesser, 10 cm lang • Säge, evtl. Stichsäge • Bohrmaschine mit Lochbohrereinsätzen oder Laubsäge mit Sägeblatt Nr. 6 • Holzbohrer 6–8 mm • Winkel • Bleistift • Holzfeile • grobes und feines Schleifpapier • Nägel • je 2 Scharniere • Pinsel

△ Häuschengröße und Durchmesser des Fluglochs richten sich nach der Vogelart, die in diese hübschen Häuschen einziehen soll. Die blaue Nisthöhle eignet sich für Stare. In den beiden anderen fühlen sich Meisen wohl.

Starenhäuschen

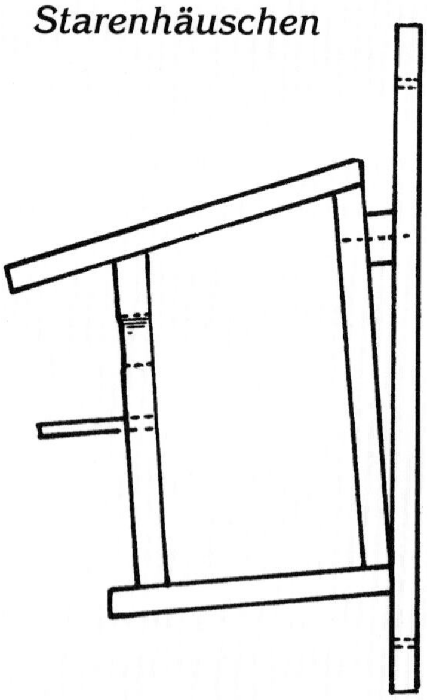

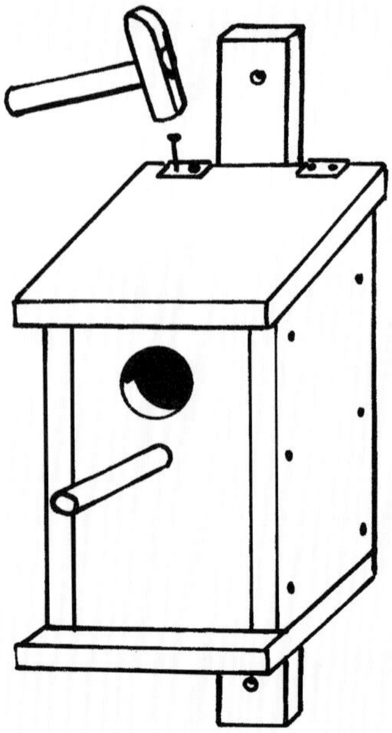

Wichtig:
Bei der Anbringung der Häuschen darauf achten, daß das Flugloch nach Südosten und gegen das Licht gerichtet ist!

Fluglochweiten:
Kleinmeisen: 27 mm Ø
Kohlmeisen und Kleiber: 34 mm Ø
Stare: 45 mm Ø

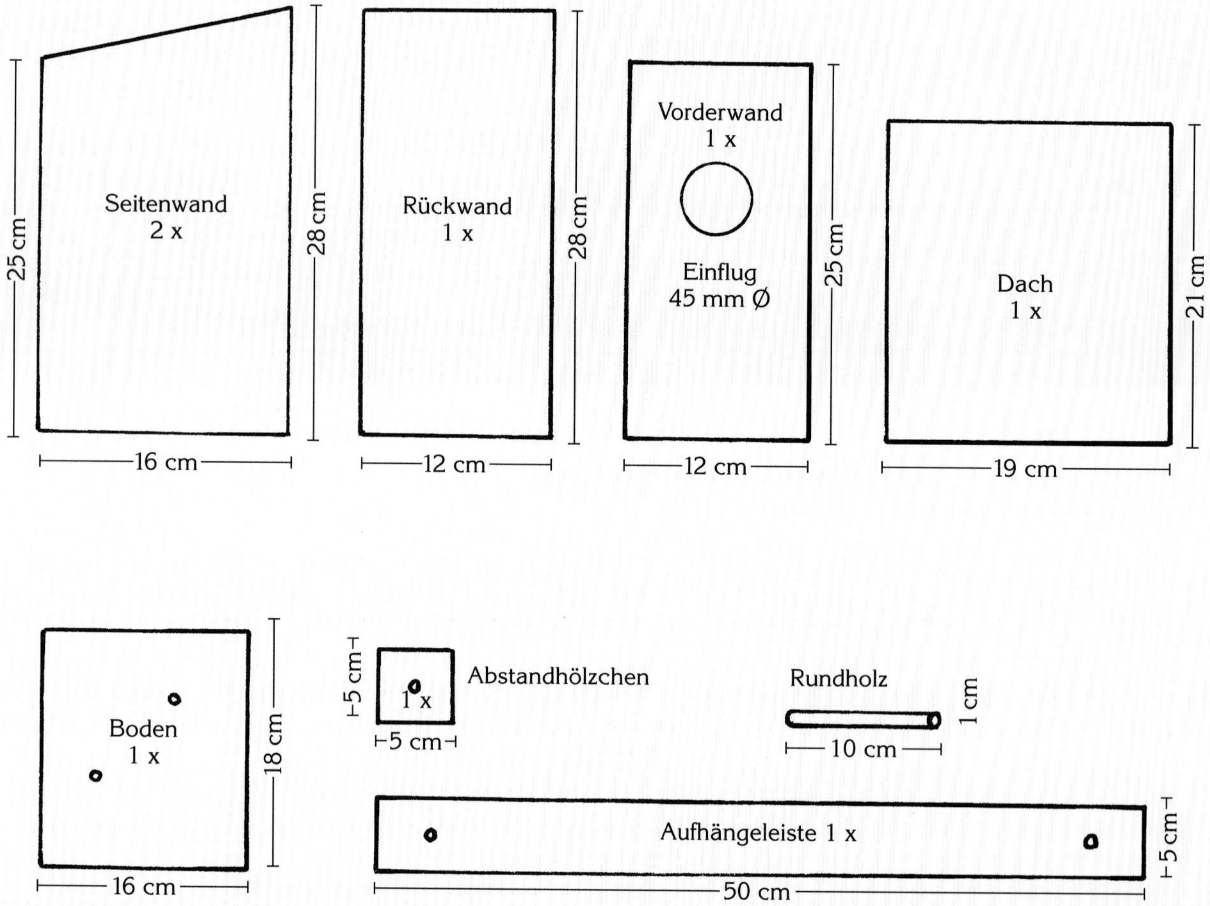

Dreieckshöhle

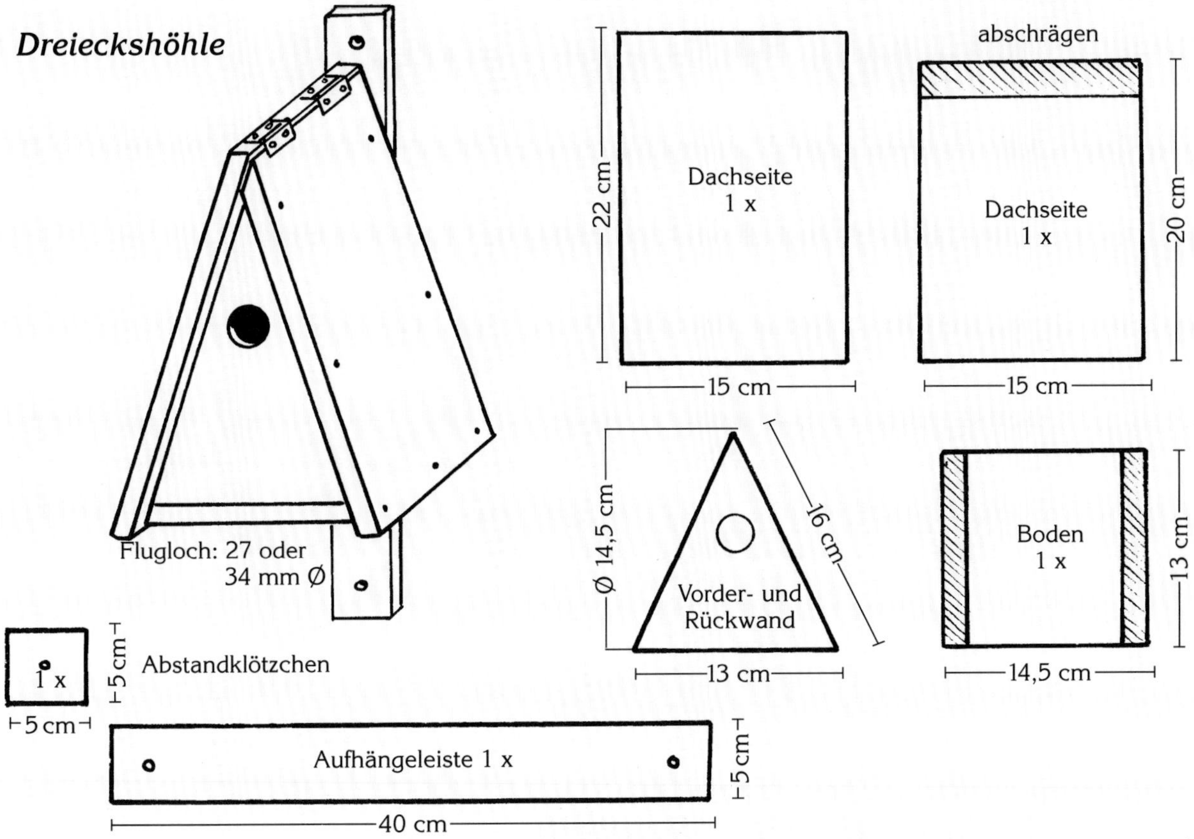

Giebelhäuschen

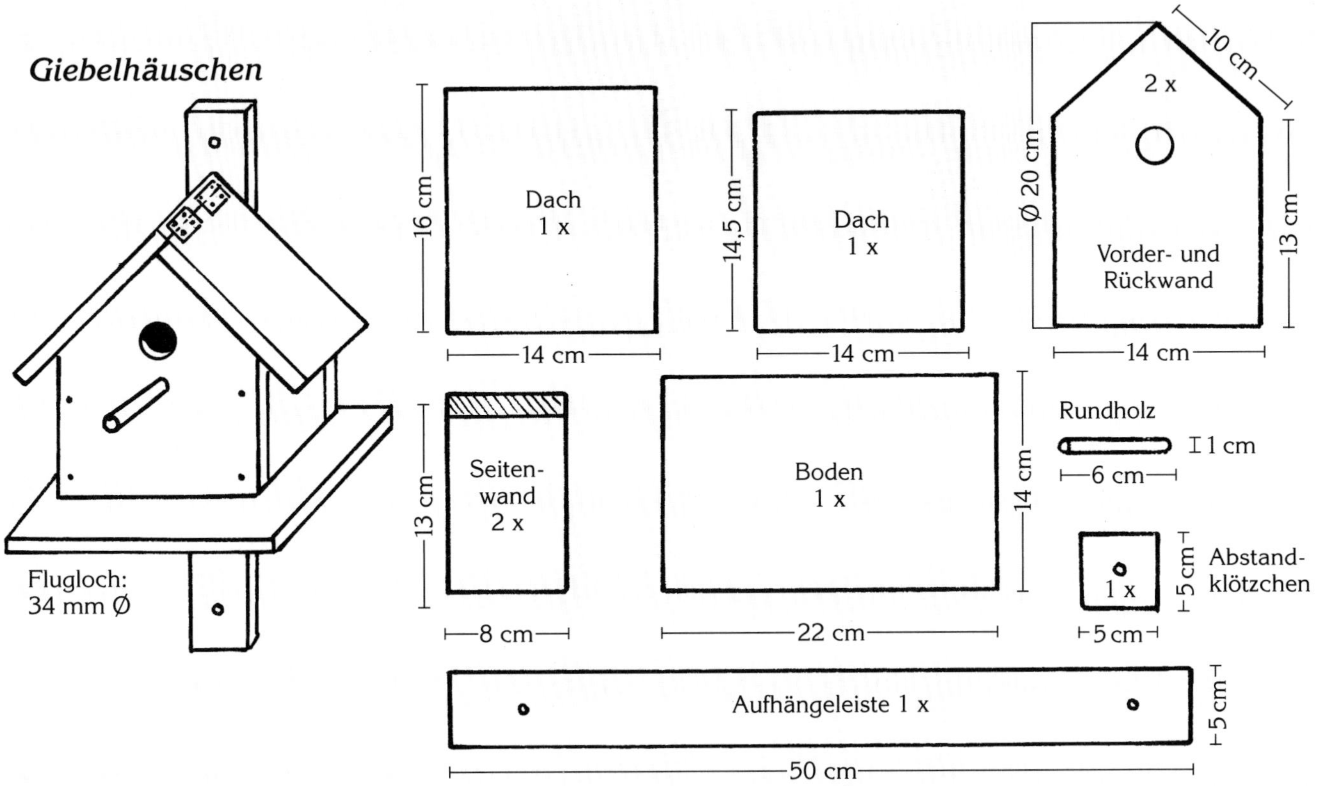

Flotte Wanderstöcke

Mit diesen witzigen Stöcken macht das Wandern gleich viel mehr Spaß. Wichtig ist nur, daß der Stock gut in der Hand liegt und die Länge stimmt.

▷ *Die Streifen- und Spiralenmuster sollten ca. 1 bis 1,5 cm breit werden.*

1 Sträucher mit geeigneten Ästen wachsen an Wiesen- und Waldrändern. Vor dem Abschneiden der Ruten sollten die Eigentümer um Erlaubnis gefragt werden. Die Ruten entsprechend der Körpergröße zuschneiden.

2 Mit dem Messer Ringe, Streifen, Spiralen oder Rauten in die Rinde schneiden. Als Anfänger wählt man am besten einfache Ringe und Streifenmuster. Bei den etwas schwierigeren Spiralmustern wird das Messer in gleichmäßig drehenden Bewegungen den Stock entlanggeführt.

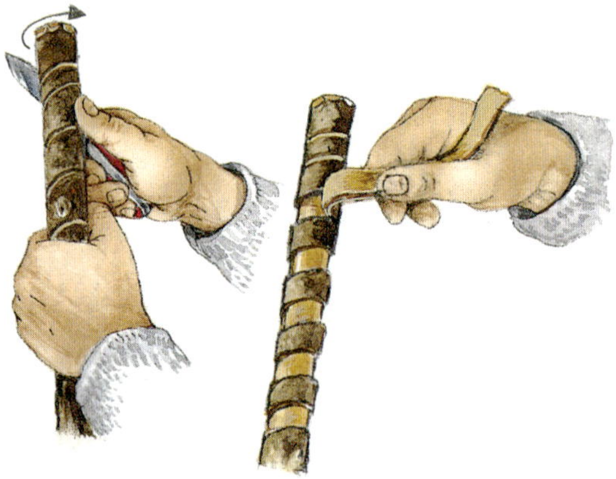

3 Den ersten Einschnitt ca. 1 cm weiter unten wiederholen. Die Rinde Stück für Stück zwischen den Einschnitten abziehen, gelegentlich mit dem Messer nachhelfen.

4 Den Griff mit einfachen Streifen mustern. Das untere Stockende wird leicht angespitzt.

5 Die hübsch verzierten Stöcke eignen sich nicht nur als Wanderstäbe, sondern können auch als Blumenstäbe Verwendung finden. Die Stöcke werden mit 40 bis 50 cm langen bunten Papier- oder Stoffstreifen geschmückt, die unter dem Griff festgeknotet werden.

▷ *Beim Ablösen der Rinde darauf achten, daß das Messer vom Körper weg gehalten wird.*

▷▷ *Die hübschen Muster lassen sich am leichtesten im Frühjahr in die Ruten schneiden. Denn die Sträucher ziehen in dieser Jahreszeit Saft, so daß sich die Rinde leicht ablösen läßt.*

Material

- frischgeschnittene Ruten von Weiden-, Haselnuß-, Holunder- oder Vogelbeersträuchern, ca. 1–1,50 m lang und 2 cm stark • Taschenmesser • Stoffbänder oder Papierstreifen zum Verzieren

Sommer

Wenn das Thermometer steigt, geht der Sommerspaß erst so richtig los: Gemeinsam mit Freunden eine Wasserrinne bauen, tolle Abenteuer im Bohnenzelt erleben oder zarte Erinnerungen für ewig bewahren – in diesem Sommer ist alles möglich!

Bunte Steine

▷▷ *Mit wenigen Pinselstrichen werden aus grauen Steinen sehr dekorative Objekte.*

Interessant geformte Steine, die man am Wegrand aufgelesen hat, werden mit etwas Farbe zu kunstvollen Deko-Objekten.

1 Die Steine waschen, sehr stark verschmutzte Stellen mit der Bürste abreiben. Anschließend die Steine trocknen lassen.

Material

• Steine • Bürste • Bleistift • Plakafarbe • dünne Pinsel • Klarlack auf Wasserbasis

▽ *Beim Bemalen auf die Form und Struktur des Steines achten.*

2 Steine mit auffälliger Binnenzeichnung können sogleich bemalt werden. Steine mit weniger interessanter Struktur werden zuerst mit einer beliebigen Farbe grundiert und dann getrocknet.

3 Linien und Figuren dünn mit Bleistift vorzeichnen und anschließend mit einem dünnen Pinsel nachziehen.

4 Zum Schluß die getrockneten Steine mit einer schützenden Schicht Klarlack überziehen.

Viel Spaß im Bohnenzelt

Das ideale Versteck für kleine Indianer oder Räuber. Die Kletterbohnen bilden bald eine dichte Laube, die auch vor der Sommerhitze Schutz bietet.

◁◁ In dem größeren Zelt finden auch alle Freunde Platz.

1 Die Holzleisten gemeinsam mit einem Erwachsenen zuschneiden und an einem Ende anspitzen. Aus diesen Leisten entsteht das Zeltgerüst, das den Bohnen als Kletterhilfe dient.

2 Für das kleine Zelt auf dem Boden einen Kreis mit einem Durchmesser von ca. 1,50 m markieren. Die Stöcke in gleichmäßigen Abständen entlang dem Kreis mit einem Hammer in die Erde klopfen. Die oberen Enden der Leisten über Kreuz zusammenbinden.

◁ Dicht ranken sich die grünen Bohnen an den Holzstäben des kleineren Zeltes empor und bieten ein kühles, schattiges Versteck.

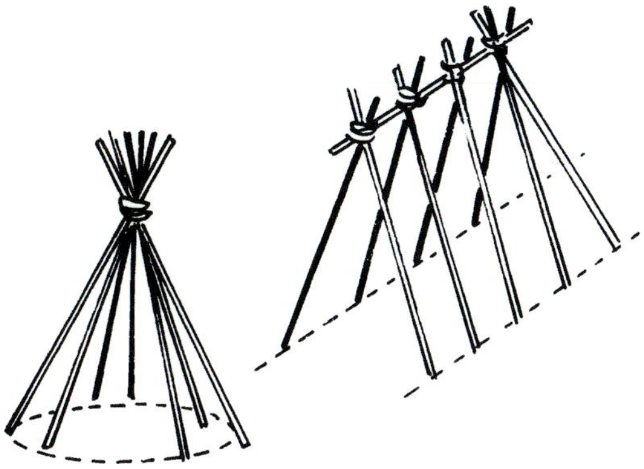

◁ So werden die Stöcke für die beiden Zelte angeordnet.

Material

• 1 Packung Kletterbohnen, am besten Feuerbohnen • 8 bis 12 Holzstöcke oder Leisten, 2–2,50 m lang • Paketschnur • Maßband • Hammer • Schere • Taschenmesser • Schaufel

3 Für das größere Zelt zwei parallel verlaufende Linien im Abstand von 1,50 m auf dem Boden anritzen. Die Stöcke auf diesen Linien nach innen geneigt in die Erde klopfen. Zwei Stäbe müssen sich immer gegenüberstehen. Die oberen Enden über Kreuz verschnüren. Über alle Stockpaare eine Querstange legen und diese mit den Leisten verbinden.

4 Für beide Zeltformen dicht vor den Stäben eine flache Mulde graben. In jede Vertiefung sieben Bohnenkerne legen, mit Wasser angießen und mit einer dünnen Erdschicht bedecken.

▽ Mitte Mai, nach den letzten Frostnächten, werden die Bohnen gesetzt.

Pfiffige Muschelideen

Was tun mit den vielen schönen Muscheln, die man im Urlaub gesammelt hat? Fleißige Strandgutsammler finden hier tolle Anregungen.

▷▷ *An einen Baststrang lassen sich viele Fundstücke knoten. Ausgefallene Bilder und Dosen entstehen durch aufgeklebte Muscheln und Steinchen.*

Muschelbilder

1 Muscheln und Steine können direkt auf das Bilderglas aufgeklebt werden. Vorher probeweise anordnen.

2 Wer sein Strandgut auf die Bildrückwand kleben möchte, überzieht diese mit hellem Papier. Besonders wirkungsvoll ist ein Hintergrund aus geknülltem Butterbrot- oder Japanpapier.

Strandgutschachteln

1 Die Schachteln können zunächst farbig grundiert werden. Alternativ kann man sie mit Tapetenkleister einstreichen und mit bunten Papierstückchen deckend bekleben.

Material

• Muscheln • Steine • Stöckchen

Muschelbilder

• Bilderrahmen, mit oder ohne Glas
• Klebstoff

Strandgutschachteln

• Schachteln • Wasserfarbe • evtl. Tapetenkleister • bunte Papierreste
• Klebstoff

Baststränge

• Naturbast vom Baumarkt oder aus einem Bastelgeschäft • Federn
• Hammer • Nagel • Stopfnadel
• Schere • Spulle Messingdraht, 3 mm Durchmesser

2 Auf den gut getrockneten Schachteln Muscheln, Steinchen, Stöckchenbündel und Federn anordnen und festkleben.

Baststränge

1 Mit einem dünnen Nagel ein Loch in die Muscheln schlagen. Die Muscheln an ein dickes Bastbündel oder an einzelne Bastfäden knoten. Dickwandige Muscheln und Schneckenhäuser mit Draht umwickeln und an die Bastfäden andrahten. Dazwischen Federn und weitere hübsche Fundsachen befestigen.

2 Aus den Baststrängen können Halsschmuck und Ohrringe gefertigt werden. Aufgenähte Muscheln zieren aber auch Vorhangstoffe, Taschen, Stoffschuhe und vieles mehr.

▷ *Mit einem dünnen Nagel wird ein Loch in die Muschel geschlagen.*

Wasserspiele

▷▷ *Mit der Gießkanne oder einem Gartenschlauch den Wasserlauf in der Rinne testen. Liegt kein See oder Bach in der Nähe, reicht eine Wanne als Auffangbecken für das herabfließende Wasser.*

Ingenieure ans Werk! Aus Rinden, Stöckchen und Astgabeln werden Wasserrinnen und -räder gebaut.

Wasserrinne

1 Die Astgabeln anspitzen. Am besten übernimmt diese Aufgabe ein Erwachsener. Die kürzeste Astgabel direkt am Wasserrand in den Boden drehen. Ist der Boden sehr hart, ein Aststück quer in die Gabel legen und mit dem Hammer oder einem Stein in den Boden klopfen.

2 Ein Rindenstück auf die kurze Gabel legen und prüfen, an welchem Platz die nächsthöhere Astgabel plaziert werden muß. Mit den anderen Rinden und Gabeln ebenso verfahren. Je größer der Höhenunterschied zwischen den einzelnen Gabeln, desto steiler das Gefälle, und um so schneller fließt das Wasser.

▽ *Wird die Rinne teilweise mit Rinde abgedeckt, fließt das Wasser durch eine Röhre.*

3 Bei der Anbringung der Rinden darauf achten, daß das Endstück der unteren Rinde vom Anfangsstück der oberen überlappt wird.

Wasserrad

1 Aus den Ruten vier bis acht Holzstöckchen mit einer Länge von 30 cm schneiden.

2 Die Stöckchen an beiden Enden mit dem Messer abflachen. Um Verletzungen auszuschließen, immer vom Körper weg arbeiten.

3 An das Ende eines jeden Stöckchens eine Wasserschaufel nageln. Als Schaufeln eignen sich stabile Rindenstücke oder dünne Holzleisten.

4 Ein dickes Holzstück dient als Achse. Die Stöckchen, wie in der Grafik, mit dem abgeflachten Ende um die Mitte der Achse nageln. Vier Hölzchen in gleichmäßigen Abständen an der Achse befestigen. Je nach Platz können dazwischen noch weitere Stöckchen montiert werden.

5 Um ein Verrutschen des Wasserrads zu verhindern, zwei Holzstückchen an den Enden der Achse befestigen.

Astgabel in den Boden klopfen.

Stöckchen in gleichmäßigen Abständen um die Mitte der Achse nageln.

Die Radschaufeln müssen bis ins Wasser hineinreichen, damit sie von der Strömung erfaßt und gedreht werden.

6 Die Radachse zwischen zwei Astgabeln legen, die so ausgerichtet sind, daß das Wasser aus der Rinne die Schaufeln kräftig antreiben kann.

△ ***So wird das Wasserrad zusammengenagelt und zwischen die Astgabeln gelegt.***

◁ ***Die Enden der Holzstöckchen werden abgeflacht. Das Messer wird dabei immer vom Körper weg gehalten.***

◁◁ ***Ist kein natürlicher Wasserzulauf vorhanden, kommt die Gießkanne zum Einsatz. Das Wasserrad wird nun kräftig angetrieben.***

Material

Rinne
- lange, breite Rindenstücke
- Astgabeln • Taschenmesser
- Hammer oder Stein

Wasserrad
- Ruten, z. B. von Weiden-, Haselnuß- oder Holundersträuchern
- Holzstück für die Achse, etwa 50–70 cm lang • 3–4 cm dünne Holzleistenreste oder Rindenstücke, ca. 3 x 6 cm groß • Hammer
- Nägel, ca. 1,5–2 cm lang

Rosenromantik

▷▷ Ein Herz aus Heu wird üppig mit getrockneten Rosen, immergrünen Blättern und Strandflieder besteckt.

Ein Herz aus Rosen! Wer freut sich nicht über solch ein liebevolles Geschenk? Leuchtende Farben und zarte Strukturen bleiben erhalten, wenn man die Rosen mit Spezialsalz trocknet.

Rosen trocknen

1 Frische Rosen auf eine Stiellänge von 2 cm kürzen. Etwas Trockensalz in eine Dose geben und die Rosen hineinstecken. Die Köpfe mit einer dicken Lage Salz bedecken.

2 Die Blüten müssen zehn bis 14 Tage lang in der verschlossenen Dose trocknen. Zwischendurch prüfen, ob die Rosen schon getrocknet sind.

3 Die getrockneten Blütenköpfe aus der Dose nehmen und das Salz behutsam abschütteln.

▽ Die Rosen müssen ca. zehn Tage lang im Trockensalz liegen. Trockensalz läßt sich immer wieder verwenden: Nach dem Farbverlust das Salz so lange in den Backofen geben, bis die blaue Farbe zurückkehrt.

Rosenherz

1 Das Heu büschelweise zu einem Strang legen, mit Draht umwickeln und zu einem Herz formen. Die Enden nach innen biegen und zusammendrahten. Die Herzspitze in Form drücken.

2 Blätter oder Ranken mit Patenthaften am Herz befestigen. Rosen und Strandflieder aufstecken. Dort, wo die Rose die grünen Blätter berührt, etwas Klebstoff unter die Rose tupfen. Zum Schluß das Herz mit Lack besprühen.

Gestecke

Töpfe mit Steinen und Steckmoos füllen, mit Waldmoos und Rosen bestecken. Die Blätterverkleidung mit doppelseitigem Klebeband und Bast anbringen.

Material

• frische, aufgeblühte Rosen • Dose • Trockensalz aus dem Gartencenter

Rosenherz
• 1 Tüte Heu • Wickeldraht • immergrüne Blätter • feiner Strandflieder • Patenthaften • Gartenschere • Klebstoff • farbloser Sprühlack

Rosengestecke
• Rosen • Moos • Blumentöpfe oder Joghurtgläser • Kieselsteine • Naturbast • Schneckenhaus • lange, immergrüne Blätter • doppelseitiges Klebeband • Trockensteckmoos

Herrlicher Rosenschmuck

Süße Stunden sind vergänglich, diese Rosen nicht! Aus Rosenblättern und getrockneten Rosenköpfen lassen sich außergewöhnliche Arrangements binden. Benetzt man die Blätter mit wenigen Tropfen Rosen- oder Melissenöl, verbreiten sie noch lange den süßen Duft frischgeschnittener Blumen.

△ Gebündelte Blumenstiele, etwas Silberblatt und zwei Rosenköpfe genügen, um effektvollen Schmuck zu kreieren.

Für den duftenden Rosenschmuck die Blütenblätter zunächst mit ein wenig Duftöl beträufeln.

Kranz aus Rosenköpfen

1 Die Rosenköpfe entsprechend der Anleitung auf Seite 32 in Trockensalz legen. Dann ein ca. 50 cm langes Drahtstück an einem Türgriff befestigen.

2 Mit der Stopfnadel den Stielansatz der Rosenblüten seitlich durchstechen. Durch dieses Loch den Draht schieben und so die Rosenköpfe auffädeln. Grüne Blätter dazunehmen, sie runden die Kränze farblich ab.

3 Zum Schluß die Drahtenden verdrehen und eine Aufhängung biegen. Den restlichen Draht abzwicken. Den Kranz mit Lack besprühen.

Kranz aus Rosenblättern

1 Ein 40 bis 50 cm langes Drahtstück an einem Tür- oder einem Schubladengriff befestigen. Den Draht spannen und die Blütenblätter nacheinander auffädeln. Den Draht dabei gerade halten. Je nach Verwendungszweck können die Blüten kunterbunt oder nach Farben sortiert aufgereiht werden. Dazwischen grüne Blätter legen.

2 Es können sowohl frische als auch getrocknete Blütenblätter und Blätter verwendet werden. Allerdings müssen die frischen Blätter besonders dicht zusammengeschoben werden, da sie beim

▷ Die Rosenblätter werden auf einen Draht gefädelt. Der biegsame Draht ermöglicht viele verschiedene Formvariationen.

Trocknen noch schrumpfen. Am schönsten werden diese Kränze jedoch aus den Blättern von getrockneten Rosen.

3 Wenn der Kranz die gewünschte Größe erreicht hat, verdreht man die Drahtenden und kürzt sie mit dem Seitenschneider bis auf 1 cm. Mit der Rundzange das Drahtende umbiegen. An dem so entstandenen Häkchen kann der Kranz aufgehängt werden. Dort kann auch ein Schmuckband befestigt werden. Den Kranz mit Sprühlack schützen.

Material

- frische, aufgeblühte Rosen • Dose
- Trockensalz aus dem Gartencenter
- immergrüne Blätter, z. B. Stechpalme oder Lorbeer • Messing- oder Silberdraht, 0,6 - 0,8 mm stark, evtl. Garn • Stopfnadel • Schere
- Seitenschneider • Rundzange
- Duftöl: Rosen- oder Melissenöl
- farbloser Sprühlack für alle Kränze

▽ Auch Kinder können diese Kränze auffädeln. Am leichtesten gelingt es ihnen, wenn sie statt Draht Garn verwenden.

Erntezeit

Gemähte Felder und Wiesen läuten das Ende des Sommers ein – genau die richtige Zeit, um Gräser, Ähren und Blumen zu sammeln. Hübsch arrangiert, verlängern diese Gestecke zu Hause den Sommer.

◁◁ Gesammelte Gräser und Ähren werden mit Trockenblumen und Kränzen in Tontöpfen dekoriert.

1 Die Gräser und Ähren sammeln, zu einem gleichmäßigen Strauß bündeln und zum Trocknen aufhängen.

2 Den Strauß in die Tontöpfe stellen. Den Topf halbvoll mit Kieselsteinen auffüllen. Um den Strauß einen Steckmoosrand festdrücken und mit Moos abdecken.

Material

• Blumentöpfe • Kieselsteine
• Gräser- und Ährensträuße • Moos
• Blumendraht • Strohblumen
• Stiefmütterchen • Heu • Trockensteckmoos • Klebstoff • Garn

3 Trockenblumen wie in der Skizze auf Seite 50 andrahten und im Steckmoos befestigen. Es soll ein dichter Kranz um den Gräserstrauß entstehen.

4 Für den Strauß aus einem gebundenen Heustrang einen losen Kranz schlingen. Den Kranz um den Topf legen und gepreßte Stiefmütterchen aufkleben.

◁ Eine schnelle Deko-Idee: Der locker gebundene Heukranz wird mit Gräsern und Trockenblumen geschmückt. Kieselsteine verhindern ein Umkippen der Töpfe.

Herbst

So zeigt sich der Herbst von seiner schönsten Seite. Farbenfrohe Stilleben mit bunten Blättern, Früchten und Blumen schaffen eine harmonische Atmosphäre.

Goldener Herbst

▷▷ Auch einzelne Blätter, hübsch arrangiert, können eine erstaunliche Wirkung erzielen.

Die schönsten Blätter findet man bei einem Spaziergang durch den bunt gefärbten Herbstwald. Ein Spaß auch für Kinder.

Rahmen

1 Die innere Rahmengröße festlegen. Für eine Rahmenseite beide Sägestellen mit dem Winkel anzeichnen. Die Leiste mit der Gehrungssäge zuschneiden. Dieses Teil als Maß für die drei weiteren Leisten benutzen.

2 Die Leisten schleifen, verleimen und zusätzlich auf der Rückseite mit Bogenstiften zusammennageln oder mit Bilderösen verschrauben.

▽ Kinder gestalten gerne Figuren aus ihrer Phantasie oder aus Erzählungen, wie hier den Zaubervogel und die Blättermaus.

Blätterbilder

1 Die trockenen Blätter ca. zwei bis drei Wochen lang pressen. Die Bücher dabei zusätzlich beschweren.

2 Auf der Pappe das Passepartout 2 bis 3 cm breit mit dem Winkel aufzeichnen und mit dem Cuttermesser ausschneiden. Natürlich können die bunten Blätterbilder auch ohne die Micro-Wellpappe als Passepartouts gestaltet werden.

3 Den Karton und das Papier für den Bilduntergrund in Passepartoutgröße zuschneiden. Alle Teile mit Klebestreifen auf der Rahmenrückseite befestigen.

4 Jetzt die gepreßten Blätter auf dem Bilduntergrund anordnen und aufkleben. Die Blätter können auch über das Passepartout und den Rahmen hinaus arrangiert werden.

Material

Rahmen

• Steckrahmen für Leinwände oder Holzleisten, ca. 5 cm breit • Gehrungssäge oder Säge mit Gehrungslade • Holzleim • 4 kleine Bogenstifte (Krampen) oder rechtwinklige Bilderösen, 25 x 25 cm • Hammer • Schleifpapier

Bilder

• Kataloge oder Telefonbücher • Blätter • Klebstoff • fester Karton • Japanpapier oder geknülltes Butterbrotpapier als Bilduntergrund • Micro-Wellpappe • Winkel • Bleistift • Cuttermesser • Klebeband

Blättergirlanden

Dem Herbst abgeschaut und stimmungsvoll zur Geltung gebracht: das Farbenspiel der Blätter. Ein ausgefallener Schmuck, der auch Türen und Regale ziert.

◁◁ Hängen die Blätter am Fenster, leuchten sie bei Gegenlicht in ihren schönsten Herbsttönen.

1 Die trockenen Blätter ca. zwei bis drei Wochen lang pressen. Die Bücher dabei zusätzlich beschweren.

Material

• Blätter • Herbstfrüchte wie Ahornsamen, Mohnkapseln, Lampionblüten • Hortensienblüten oder Strohblumen • Blumenstiele • Kataloge oder Telefonbücher • Naturbast aus dem Baumarkt • Draht, 0,25 mm stark • Lineal • Schere • Stopfnadel • Handbohrer • Karton

2 Auf eine etwa 1,5 m lange Bastschnur die Blätter auffädeln. Ein Ende der Schnur vorher gut verknoten. Die Blätter können auch quer übereinandergeschichtet werden. Dazwischen einige runde Herbstfrüchte auffädeln. Da Mohnkapseln sehr hart sind, werden sie mit dem Handbohrer durchbohrt.

3 Große und besonders schöne Ahornblätter von oben nach unten oder quer auffädeln. Dazwischen können die dazugehörigen Ahornsamen befestigt werden.

4 Die Blumenstiele auf 7 cm zuschneiden. Dann jeweils acht bis zehn Blumenstiele mit Bast zusammenbinden. Die Hortensienblüten und gebündelten Blumenstiele an einem dünnen Draht aufhängen. Dazu wickelt man den Draht durch die Verzweigungen der Blüte und um die gebündelten Stiele.

5 Für die Quasten den Bast etwa zwanzigmal um einen 12 cm breiten Karton wickeln und wie auf den Zeichnungen verknoten.

◁ Fädeln Kinder die Herbstfrüchte und Blätter auf, können sie dabei spielerisch die Zuordnung zu den jeweiligen Bäumen lernen.

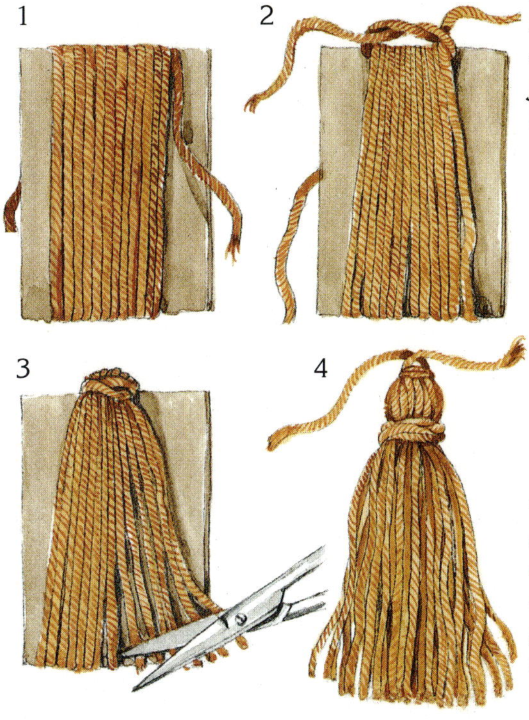

◁ Den um einen Karton gewickelten Bast erst oben zusammenknoten und dann unten auf die passende Länge zuschneiden.

Romantische Veilchenbilder

▷▷ *Diese Blüten wurden vor dem Verblühen im Herbst gepflückt und gepreßt.*

▷ *Aus den Veilchen- und den Blätterresten entstehen romantische Grußkarten.*

Es ist so leicht, wie es aussieht: ein hübsches Stilleben mit gepreßten Stiefmütterchen, das farblich in jedes Zimmer paßt!

1 Getrocknete Stiefmütterchen und Blätter pressen. Dabei darauf achten, daß die Blütenköpfe keine Knicke an den Blättern erhalten.

2 Einen Bilderrahmen auswählen oder wie auf Seite 40 beschrieben, selbst anfertigen. Den Rahmen auf den Karton legen und das Rahmeninnere anzeichnen. Beim Ausschneiden des Bildhintergrundes an jeder Seite 2 cm zugeben, damit er auf der Rahmenrückseite befestigt werden kann.

3 Füllen die Blüten nicht das ganze Bild aus, kann man helles Briefpapier oder geknülltes Seidenpapier als Hintergrund auf den Karton kleben. Beim Anordnen stets das Bildformat berücksichtigen!

4 Die Blüten mit der Pinzette anfassen. Es genügt, wenn die Blumenrückseite mit Klebstoff betupft wird. Zuerst die großen und die weniger hübschen Veilchen aufkleben. Dann alle kleinen und schönen Blüten darauf plazieren.

5 Das Veilchenbild mit oder ohne Glas auf die Rahmenrückseite legen und mit Klebeband am Rahmen befestigen.

△ *In eine Schale gelegt oder auf eine Karte geklebt, sind die auf Grasstielen drapierten Veilchen ein dekorativer Blickfang.*

Material

• Stiefmütterchenblüten • Blätter • Telefonbuch • Karton als Untergrund • Bilderrahmen • Klebstoff • Klebeband • Schere • Lineal • Pinzette • Bleistift

Feurige Gewürzsträuße

Das Praktische mit dem Nützlichen verbinden: Verschiedene Gewürze zu einem Zopf, einer Girlande oder einem Strauß gebunden, bringen einen Hauch mediterraner Kultur und würziges Aroma in unsere Küche.

▷ *Statt der Zwiebeln kann auch Knoblauch an einen Holzstab gebunden werden.*

Gewürzsträuße

1 Durch das Stielende der Knoblauchknollen ein 20 cm langes Stück Blumendraht stechen und verdrehen. Mit den einzelnen Paprikafrüchten ebenso verfahren.

2 Zuerst Lorbeerzweige und längere Kräuterzweige zurechtlegen, darauf Paprikazweige und Knoblauch schichtweise anordnen und mit Bast zusammen binden.

3 Das Stielende mit einer dicken Naturbastschleife verzieren und eine Schlaufe zum Aufhängen anknoten.

Zwiebelzopf

▽ *Dieses Gesteck ist eine hübsche Tischdekoration für ein rustikales Abendessen.*

1 Die Zwiebeln einzeln an den Holzstab legen und am Stielansatz mit einem Bastfaden um den Stab wickeln. Mit einer Schlinge verknoten.

2 Am oberen Stabende Lorbeer- und Kräuterzweige um die Zwiebeln verteilen und mit Bast festbinden. Zum Aufhängen eine Schleife anknoten.

Material

• frische oder getrocknete Paprikafrüchte • Lorbeerzweige vom Markt • Knoblauchknollen • kleine Zwiebeln mit Stielansatz • Kräuterzweige wie Rosmarin, Thymian oder Salbei • Naturbast vom Baumarkt • Stopfnadel • Garn • überzogener Blumendraht • Holzstab • Schere • Blumentopf

Gewürzgirlanden

1 Die Paprikafrüchte mit der Nadel unter dem Stielansatz durchstechen und auffädeln. Nach Belieben können dazwischen auch Zwiebeln, Lorbeer- oder Gewürzblätter aufgereiht werden.

2 An beide Fadenenden eine Schlaufe knoten und die Girlande aufhängen.

Gewürztopf

1 Die Pfefferschoten und Lorbeerblätter mit Draht zusammenbinden. Wenn die Stiele zu kurz sind, vorher mit einem Drahtstück verlängern.

2 Den Strauß im Blumentopf anordnen. Je nach Topfgröße können auch kleine Zwiebeln und Kräuter dazugesteckt werden.

△ Eine prima Idee, auch im Herbst viele Kräuter griffbereit in der Küche hängen zu haben.

◁ Ein würziges Mitbringsel für alle, die gerne kochen.

Herbstfreuden

Sattes Rot, glühendes Orange und schimmerndes Braun sind die Farben des Herbstes. Die kunstvoll zusammengesteckten bunten Blätter und roten Beeren ergeben ein harmonisches Arrangement.

▷ *Liebevoll wird der Birkenkranz mit Beeren und getrockneten Blumen verziert.*

Kränze

1 Birkenzweige, wie auf Seite 50 beschrieben, zu einem Kranz drehen und mit Draht verbinden.

2 Die Stiele der Lampionblüte mit einem Draht versehen und in den Birkenzweigen festdrehen. Samenkapseln der Jungfer im Grünen dazustecken.

Strauß mit gelben Rudbeckien

▽ *Die fertigen Gestecke werden mit farblosem Lack eingesprüht.*

1 In den Tontopf einige Kieselsteine legen. Die Steckkugel am Topfrand festkleben.

Material

- farbloser Sprühlack für alle Gestecke

Kränze
- Trockenblumen: Lampionblüte (Physalis franchetii), Tagetes, Rudbeckien • Herbstblätter • Mohnkapseln oder Jungfer im Grünen
- Birkenzweige • Blumendraht
- Seitenschneider

Strauß
- Blumentopf mit passender Trockensteckkugel • getrocknete Blumen • große, gepreßte Blätter
- Schneckenhaus • Blumenstiele
- Naturbast • Kieselsteine • Strohblumennadeln • Klebstoff

Ranke mit Kürbis
- kleiner Zierkürbis • passender Tontopf • Draht, 0,25 mm stark
- Stopfnadel • Herbstfrüchte
- Strohblumen • kräftige Blätter

2 In die Kugel getrocknete Blüten, Blätter oder Efeuranken stecken. Zarte Blüten festkleben. Ein Bündel aus Zweigen mit Draht seitlich in den Strauß stecken und ein Schneckenhaus aufkleben.

3 Um den fertigen Strauß locker ein Stück Bast binden.

Kürbis mit Ranke

1 Auf einen 70 cm langen Draht die Herbstfrüchte auffädeln.

2 Ein Drahtende mit Klebestreifen seitlich im Blumentopf befestigen. Den Kürbis in den Topf setzen, die Ranke um den Topfrand drehen und andrahten.

▽ ***Bunt soll das herbstliche Stilleben sein. Die Auswahl der Blumen kann beliebig variiert werden. Ein Farbtupfer ist der gelbe Kürbis.***

Kranz aus Birkenzweigen

Strauß mit gelben Rudbeckien

Kürbis mit Ranke

3 x

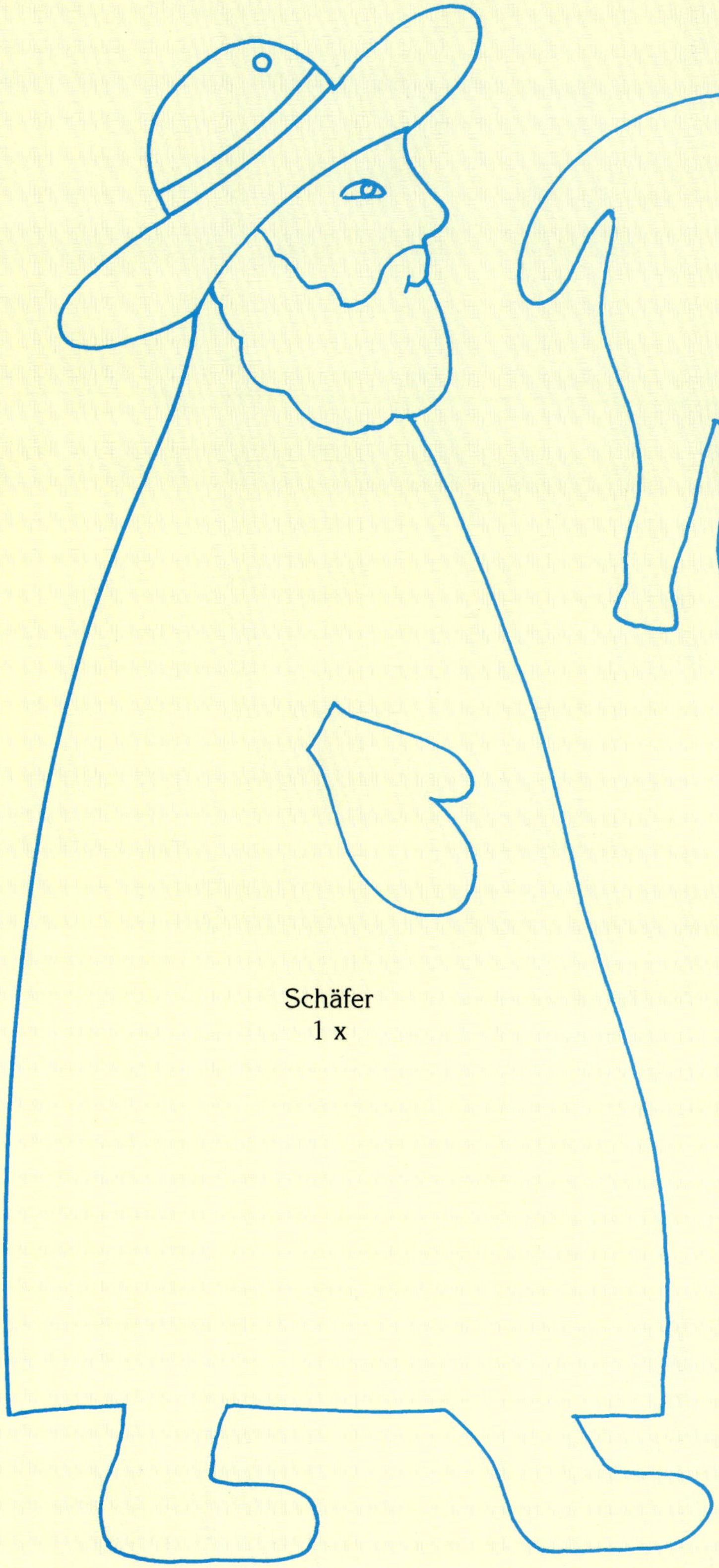
Schäfer
1 x

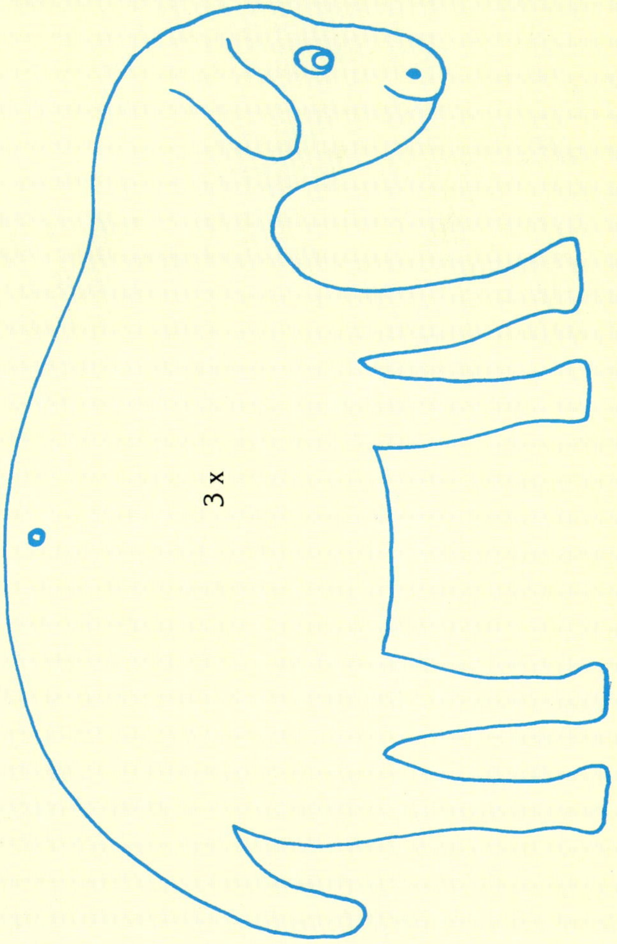
3 x

Schafherde aus Wolle

Eine wollige Idee ist das Mobile! Die einen regt es zu wunderschönen Gutenachtgeschichten an, die anderen zählen still und heimlich, wie viele Schafe der Schäfer zu hüten hat.

◁◁ Mobile vor Fenster: Die kuscheligen Schafe kreisen um den netten Schäfer. Die Vorlagen dafür sind auf Seite 51 zu finden.

1 Schafe und Schäfer von der Vorlage auf Seite 51 auf Butterbrotpapier abpausen und auf Karton übertragen.

2 Die Figuren zuerst grob und dann fein ausschneiden.

3 Die Schafformen mit einem langen Strang Wolle einwickeln. Dabei mit dem Kopf beginnen. Aus zwei kleinen Wollstückchen die Ohren drehen und ankleben. Das Gesicht aufmalen.

4 Gesicht, Arme und Beine des Schäfers bemalen. Den Körper mit Wolle umwickeln und einen Wollstrang als Umhang ankleben. Den Hut mit Wolle bekleben, dann Hände und Stab mit Klebstoff befestigen.

5 Die Figuren mit unterschiedlich langen Fäden an den Zweig knoten.

Material

• 30 g rohweiße Schafwolle • 10 g gefärbte Schafwolle »Märchenwolle«, ersatzweise Füllwatte • Karton • Bleistift • Butterbrotpapier • Schere • Klebstoff • Buntstifte • Stopfnadel • Aufhängefaden • Zweig

◁ Werden die Beine leicht auseinandergebogen, dann können die Schafe auch stehen und zum Spielen verwendet werden.

Fabeltiere im Wurzelwald

Zapfen, Beeren und Blätter lustig zusammengesteckt, verwandeln sich in wundersame Wesen. Mit einem gebogenen Ast, einer Baumwurzel und etwas Laub entsteht eine zauberhafte Märchenwelt, die von seltsamen kleinen Fabelwesen bewohnt wird.

△ Kinder basteln sich Fabeltiere aus gesammelten Waldfrüchten und verschiedenen Zapfen.

▷▷ Die Reise in ein Zauberland: Dazu benötigen die Kinder selbstgebastelte Tiere und einen Baumstamm.

▷ In der Wohnung empfiehlt sich ein entsprechend großer Karton als Unterlage für die Wurzelbäume.

Fabelwesen

1 Bei den Fabeltieren aus Kiefernzapfen die zwei Zapfen ineinanderdrücken. Für einen besseren Stand die Figuren auf Rindenstücke kleben. Bleiben die Figuren nicht stehen, können sie mit Knetmasse befestigt werden. Weitere Körperteile aus Blättern und Ahornsamen ankleben. Für die vierbeinigen Tiere vier abgebrochene Stöckchen in einen Tannenzapfen kleben.

2 Bei dem Männchen die Kastanien für die Beine zuerst mit dem Handbohrer vorbohren. Kopf und Füße mit Zahnstochern an den Körper stecken und festkleben. Jetzt erhält das Fabelmännchen noch ein Gesicht und Knöpfe aus Körnern, Eicheln oder Beeren. Stöckchenarme, Gräserhaare oder Blättermütze nicht vergessen.

Wurzelwald

1 Die gesammelten Wurzeln mit Kieselsteinen in Blumentöpfen gut befestigen.

2 Auf einem Stückchen Karton einen Wald aus Wurzeln und Rindenteilen bauen, in welchen die Fabeltiere einziehen können. Die Töpfe mit Moos abdecken.

Material

- Wurzeln • Rinden • Kastanien
- Kiefern- und Tannenzapfen
- Bucheckern • Eicheln • Ahornsamen • bunte Blätter • Ähren
- Beeren • Körner • Moos
- Holzstöckchen • Zahnstocher
- Handbohrer • Klebstoff • Schachteldeckel oder Karton • Kieselsteine • Blumentöpfe

Winter

Mit einzigartigen Kerzenhaltern,
exotischen Düften und
anderen originellen Ideen wird die
Wohnung so richtig gemütlich.
Da verbringt man die kühle
Jahreszeit gerne zu Hause.

Originelle Kerzenleuchter

▷▷ *Schöne Effekte entstehen, wenn man die aufgetragene Goldfarbe stellenweise wieder abwischt.*

Es ist so leicht, wie es aussieht! Aus einer Astgabel und etwas Goldfarbe entsteht im Handumdrehen ein wunderschöner Kerzenleuchter.

△ *Die Äste oben und unten so absägen, daß die Kerzen geradestehen.*

1 Beim Treibholz lockere Rindenteile entfernen. Die Astgabeln unten auf die gewünschte Länge zuschneiden.

2 Die oberen Abschnitte mit der Säge so abschrägen, daß die Kerzen ganz geradestehen.
Die Anschnitte mit der Wasserwaage kontrollieren, notfalls nachschleifen. Die Äste dünn mit Goldfarbe bestreichen.

3 Für die Standflächen 2 cm dicke Scheiben sägen. Ansonsten Brettchen oder Holzklötze als Sockel verwenden. In den Sockel ein Loch (Ø 5 mm) bohren. Damit unten im Sockel die Schraube versenkt werden kann, das Bohrloch nochmals mit dem größeren Bohrer (Ø 6 mm) nachbohren. Beim Bohren das Holzstück gut festhalten.

4 Den Ast unten mit dem Bohrer (Ø 5 mm) anbohren. Den Kerzenleuchter mit dem Sockel zusammenschrauben. Unten drei Filzkreise mit dem entsprechenden Klebstoff befestigen.

5 Für die Stifte die Astmitte oben jeweils mit einem dünnen Bohrer (Ø 2 mm) anbohren. Die Stifte aufnageln und senkrecht stellen. Die Sterne aus Sperrholz schneiden und glatt schleifen. In die Mitte ein Loch (Ø 2 mm) bohren und auf die Stifte stecken.

Material

• Astgabeln, interessante Aststücke von Birken, Buchen oder stabiles Treibholz vom Bachrand • für die Sockel ein rundes Holzscheit von ca. 15 cm Durchmesser oder Holzklötze vom Schreiner • Sperrholzreste • Holzfeile • Schleifpapier • Messer • Plakagoldfarbe • Wasserwaage • Laubsäge mit Zubehör • Säge • Schraubstock • Schraubenzieher • Bohrmaschine mit Holzbohrern, Ø 2 mm für die Stifte, Ø 5 und 6 mm für den Sockel • Senkkopfschrauben, Ø 5 mm und 4 cm lang • Metallstifte, ca. 2 x 30 mm • Filzaufkleber

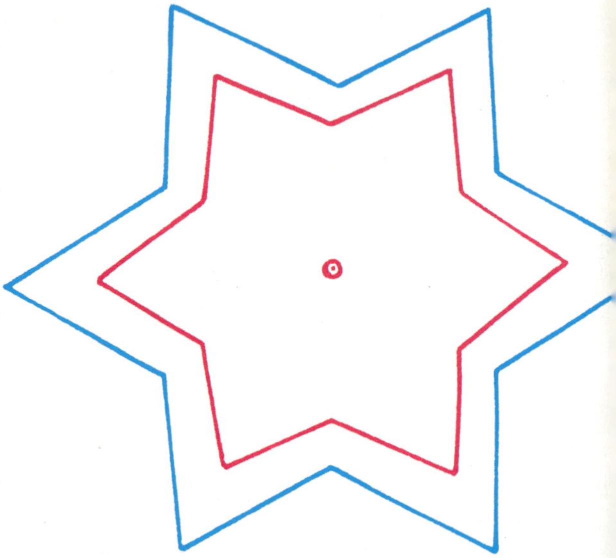

▷ *Sternschablonen für die Sperrholzsterne. Als zusätzlicher Tropfschutz kann noch ein Schälchen aus Glas aufgesetzt werden.*

Adventsstimmung

Den Adventskranz einmal ganz anders gestalten: Blaue Hortensienblüten sowie verschiedene Gewürze und Zapfen verleihen nicht nur eine besondere Stimmung, sondern verbreiten zudem auch einen herrlichen Duft.

◁◁ Festlich schimmert der Kranz, wenn einige Goldfäden locker über die Naturmaterialien drapiert werden.

Hortensienkranz

1 Den Kranz aus Strohbüscheln wie auf Seite 10 binden oder kaufen. Die Hortensien mit Patenthaften oder Drahtbögen auf den Kranz stecken.

2 Das lila Band in vier 60 cm lange Stücke schneiden. Eine Schleife legen und mit einem 15 cm langen Drahtstück zusammenhalten und in den Kranz stecken. Die Kerzenhalter sowie weitere schöne Verzierungen dazwischen stecken.

◁ Unbenutzte Tontöpfe werden in Kerzenleuchter verwandelt.

Kerzenleuchter

1 Die Tontöpfe bis zur Hälfte mit Papier auffüllen. Das Steckmoos aufkleben. Mit Waldmoos abdecken und die Kerzenhalter aufstecken.

2 Um die Gewürze, Nüsse und Zapfen einen etwa 10 cm langen Drahstiel wickeln. Drei bis vier Stiele zusammendrehen und in die Tontöpfe stecken.

▽ Die Kerzen werden mit Kerzenhaltern im Steckmoos befestigt oder mit zwei Drahtstücken auf einen großen Zapfen gesteckt.

Material

- Schere • Klebstoff • Plakagoldfarbe • Silberdraht, 0,8 mm stark • Seitenschneider • Kiefern- und Zypressenzapfen • getrocknete Lorbeerblätter • Kerzen • Kerzenhalter

Kranz

- Hortensienblüten • Strohkranz • Patenthaften • 2,40 m lila Geschenkband • Schmuckkugeln

Kerzenleuchter

- Tontöpfe • Trockensteckmoos • Zimtstangen • Erdnüsse • Anis • Bucheckern • Moos

Kalender aus Walnüssen

▷▷ *Am Fenster leuchten die Orangenscheiben besonders schön. Wie Orangenscheiben getrocknet werden, steht auf Seite 65.*

Wer knackt die Nuß? Geheimnisvolle Botschaften, weise Sprüche, liebevolle Versprechen oder Gutscheine finden sich auf kleinen zusammengerollten Zetteln in den Nüssen, die gemeinsam mit Gewürzen an einen hübschen Ast gehängt werden.

1 Die Nüsse halbieren und paarweise sortieren. 24 gleich lange Papierstreifen zuschneiden.

2 Die Botschaft und den Tag auf das Papier schreiben. Den Papierstreifen bis zum Datum zusammenrollen und in eine Nußhälfte legen.

3 Den Rand der zweiten Nußhälfte mit Klebstoff bestreichen. Die Stelle, an der der Papierstreifen herausragt, freilassen. Den Bastaufhänger festkleben und beide Nußhälften zusammendrücken. Die Nuß zwischen zwei Steinen einklemmen, bis der Klebstoff trocken ist.

4 Die 24 Nüsse auf dem Zweig verteilen. Den Adventszweig mit Orangenscheiben, Anis und aus Orangenschalen geschnittenen Himmelskörpern dekorieren.

Material

• 24 Walnüsse • Papierstreifen, 1 cm breit und 10 cm lang • Klebstoff • Schere • Stift • Bastfaden zum Aufhängen • Plakagoldfarbe • Zweig • Orangenscheiben • Orangenschalen • 2 Steine • Anis

▷ *Beim Zusammenkleben der Walnußhälften darauf achten, daß die Botschaften nicht mit ankleben.*

20
16
19
5
14
13
23
12
18
21
7
3
6
11
2

Weihnachtsdüfte

Die Idee trägt Früchte: Zitrusfrüchte, verziert mit Gewürznelken und Duftbündel aus Zimtstangen und Anissternen erfüllen die Wohnung mit vorweihnachtlichem Duft.

Pomander

1 Die Mustereinteilung mit einem Zahnstocher leicht auf der Schale anritzen. Die Nelken in gleichmäßigen Abständen einstecken, eventuell mit dem Zahnstocher vorstechen.

2 Die Frucht trocknet bei warmer und trockener Luft innen aus. Die Schale färbt sich dunkel, dabei verbreitet der Pomander einen wunderbaren Duft.

Orangenanhänger

1 Eine Orange in 1/2 cm dicke Scheiben schneiden. Diese auf einem Kuchengitter über der Heizung etwa vier bis sechs Tage lang trocknen.

2 Aus den getrockneten Schalen mit der Schere kleine Mond- und Sternanhänger schneiden. Dann ein Loch zum Aufhängen stechen. Diese Formen trocknen innerhalb von zwei Tagen, dabei öfters wenden.

Duftbündel

1 Dünne Zweige mit der Gartenschere in der Länge der Zimtstangen zuschneiden. Zapfen, Lorbeerblätter und Gewürze mit Goldfarbe betupfen.

2 Die Zimtstangen in der Mitte mit Bast zusammenknoten. Zapfen, Gewürze, Orangenscheiben und Schleife mit einem Drahtstiel versehen und an den Zimtstangen befestigen. Zum Schluß mit Bouillondraht oder Goldschnur umwickeln.

Material

Pomander
• Orangen • Nelken • Zahnstocher

Orangenanhänger
• Orangen • Küchenbrett • Messer • Kuchengitter • Schere • Goldfaden • Nadel • getrocknete Lorbeerblätter

Duftbündel
• Zimtstangen • dünne Zweige • Anissterne • Zypressen-, Lärchen- und Kiefernzapfen • Orangenscheiben • dicke Goldschnur oder Band • Naturbast • Kupferdraht, 0,6 mm stark • Bouillondraht • Gartenschere • Plakagoldfarbe

◁◁ Orangen, die mit Nelken besteckt werden, heißen Pomander. Das Verzieren der Orangen macht sicher auch Kindern viel Spaß.

◁ Die duftenden Geschenkanhänger sind auch ein hübscher Baumschmuck.

Weihnachtsgirlande

Goldgirlanden aus verschiedenen Gewürzen, Nüssen und Blättern schmücken hier den Christbaum. Blickfang sind die putzigen Weihnachtsmänner aus Erdnüssen.

▷▷ Die Ranken und Weihnachtsmänner zieren auch Schränke, Regale oder Fenster.

▷ Die Mütze für den Weihnachtsmann wird nach dieser Schablone aus Tonpapier ausgeschnitten.

Weihnachtsmann

1 Die Mützenvorlage auf Butterbrotpapier übertragen. Die Zeichnung mit den Linien nach unten auf Tonpapier legen und nachziehen. Diese Form gleich mehrmals ausschneiden. Ein spitzes Hütchen daraus drehen, so daß es auf eine Erdnuß paßt. Die Mütze zusammenkleben und mit einer Büroklammer so lange sichern, bis der Klebstoff getrocknet ist.

2 Jetzt die Mütze mit Klebstoff auf der Erdnuß befestigen. Bart und Mützenrand aus Watte aufkleben. Für die Arme zwei Nelken ankleben. Augen und Mund aufmalen. Durch die Mützenspitze einen Faden zum Aufhängen ziehen.

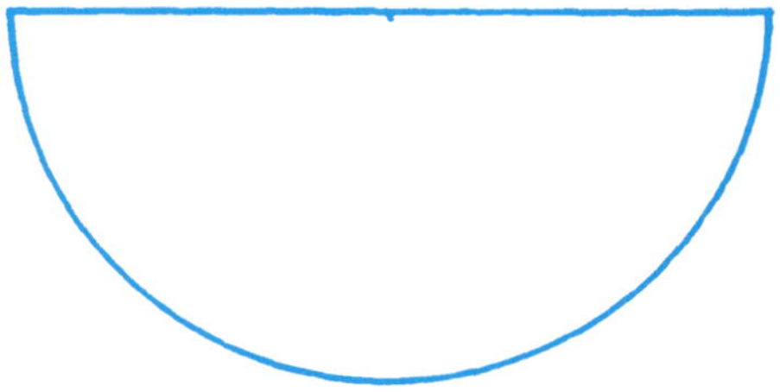

Baumranken

1 Die Blätter mit Goldfarbe bemalen. Einen langen Goldfaden einfädeln und mit der Nadel durch die Erdnüsse stechen. Abwechselnd Zimtstangen und Anissterne mit dem Faden umwickeln.

2 Am Stielende der Blättern ein kurzes Drahtstück durchstechen und festdrehen. Die Blätter mit dem Draht zwischen die Erdnüsse hängen.

△ Aus diesen Teilen entstehen die kleinen Weihnachtsmänner.

Material

• Goldfaden • Stopfnadel • Schere • größere Erdnüsse • rotes Tonpapier • Watte • kleine Nelkenköpfe • Filzstift • Butterbrotpapier • Klebstoff • Büroklammern • Bleistift

Baumranken

• getrocknete Blätter • Erdnüsse • Zimtstangen • Anissterne • Plakagoldfarbe • Draht, 0,25 mm stark

Kunstvolle Strohanhänger

◁◁ *Auch kleine Bastelfans haben viel Freude am Herstellen der Anhänger, die beidseitig beklebt werden können.*

Alles aus Stroh und ganz bunt! Die witzigen Anhänger kommen nicht nur als Christbaumschmuck, sondern auch als Geschenkanhänger oder Fensterdekoration zur Geltung.

1 Die Strohhalme bündeln und ca. drei Stunden lang in Wasser einweichen. Mit einem Teller abdecken, damit die Halme nicht nach oben schwimmen.

2 Inzwischen die Vorlagen von Seite 68 auf Butterbrotpapier zeichnen, auf Tonpapier übertragen und ausschneiden.

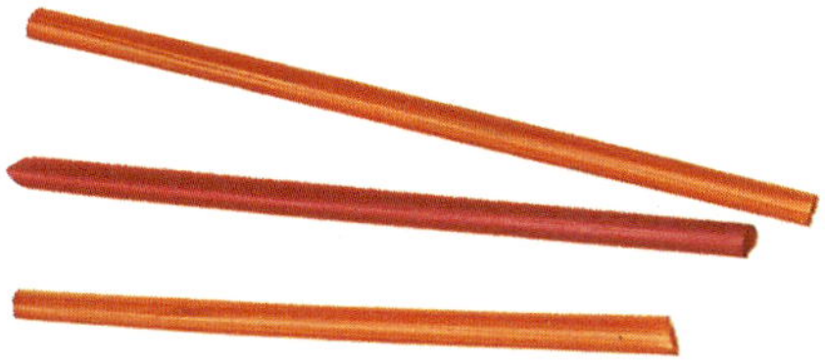

3 Die Halme gut trockentupfen, mit dem Messer aufschneiden und in ein Geschirrtuch legen, dann glattbügeln.

4 Das Stroh in passende Stücke schneiden und auf die ausgeschnittenen Formen kleben. Die Anhänger wenden und das überstehende Stroh abschneiden. Bei den Häuschen Türen und Fenster mit der Pinzette auflegen und ankleben.

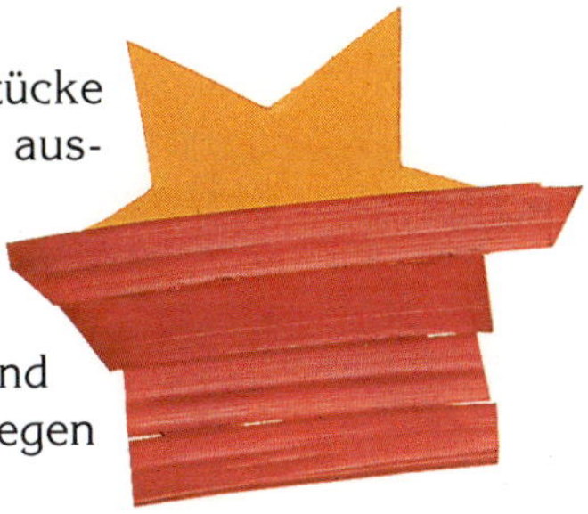

Material

• naturbelassene und bunte Strohhalme • Bügeleisen • Teller • Messer • Schere • Tonpapier • Bleistift • Butterbrotpapier • Geschirrtuch • Klebstoff • Nadel • Aufhängefaden • Pinzette

△ *Das gebügelte Stroh wird auf eine Tonpapiervorlage geklebt.*

◁ *Diese Strohanhänger sind als Anregung gedacht. Der Phantasie sind keine Grenzen gesetzt.*

Krippenfiguren aus Wolle

▷▷ *Die Figuren und der Stern werden entsprechend der Grafik gestaltet.*

Diese Krippe gibt es bestimmt nicht zu kaufen! Ein Ast und ein gebogener Ginsterzweig dienen als Krippenstall. Ein Bastelspaß für groß und klein.

1 Aus Biegeplüsch ein Gerüst wie auf Seite 71 für die Figuren formen. Für Kopf und Körper einen weißen Wollstrang im oberen Drittel knoten und umstülpen. Den Kopf abbinden und auf die Form aus Biegeplüsch setzen.

2 Arme und Beine zuerst mit weißer, dann mit farbiger Wolle umwickeln. Die Oberkörper kreuzweise mit Wolle umwickeln. Die Haare aus kurzer Wolle ankleben. Für die Kleidung wird ein Wollstrang breitgezogen und angeklebt. Wollkügelchen dienen als Augen.

3 Die Ginsterzweige werden an den gebogenen Ast gedrahtet und als Stall auf Moos gestellt.

Material

• ca. 50 g weiße Schafwolle, je 10 g gefärbte Wolle, als »Märchenwolle« im Handel • pro Figur 2 Stäbe Biegeplüsch • Schere • Klebstoff • gebogener Ast • Ginsterzweig • Blumendraht • Moos

▽ ***Aus Biegeplüsch und Wolle entsteht eine hübsche Krippe. Wer sie mit Hirten und Schafen ausstaffieren möchte, findet eine Anleitung auf Seite 53.***

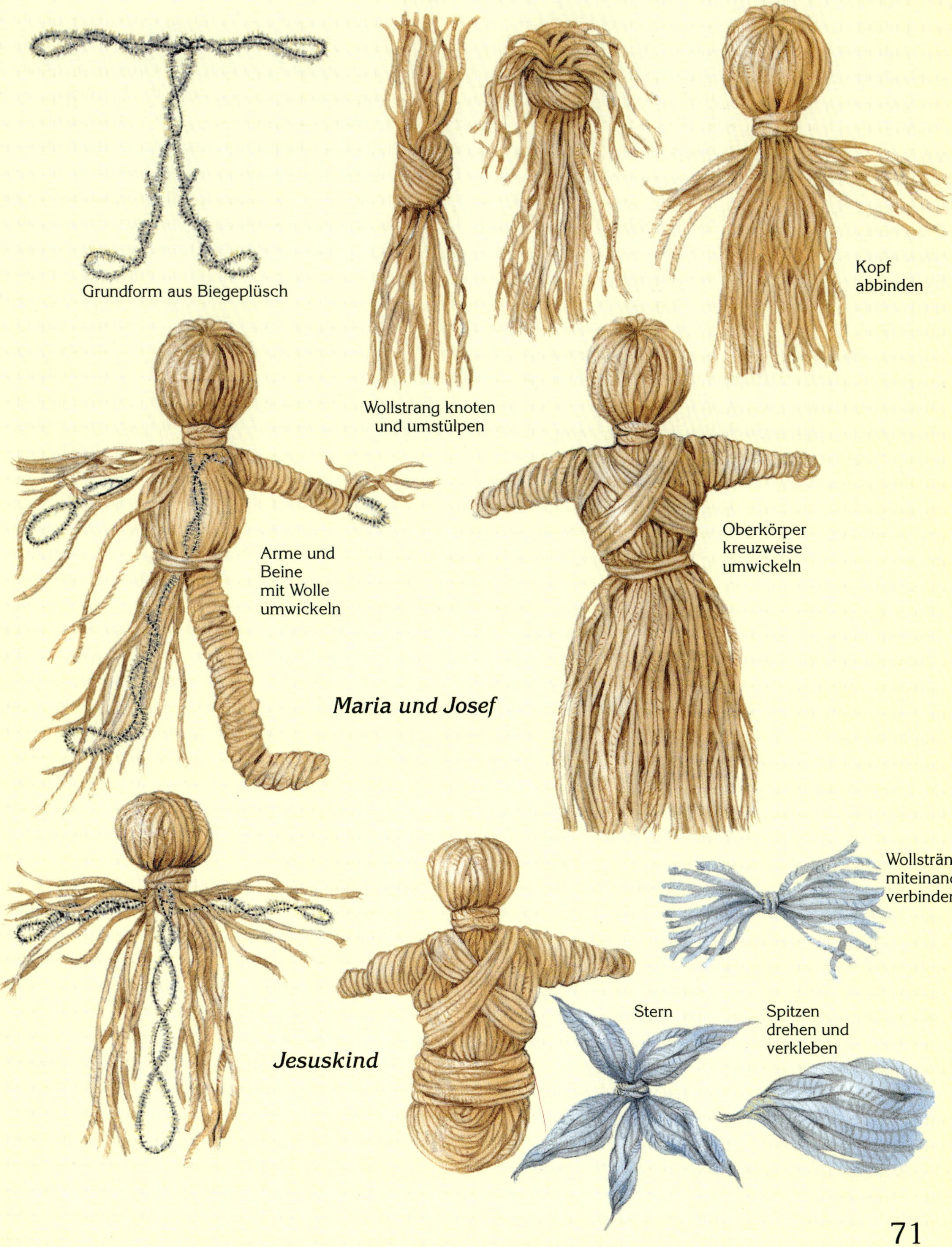
Grundform aus Biegeplüsch
Wollstrang knoten und umstülpen
Kopf abbinden
Arme und Beine mit Wolle umwickeln
Oberkörper kreuzweise umwickeln
Maria und Josef
Wollstränge miteinander verbinden
Stern
Spitzen drehen und verkleben
Jesuskind

Die Deutsche Bibliothek – CIP-Einheitsaufnahme

Mit Naturmaterialien basteln und dekorieren für alle Jahreszeiten / Christina Pfeiffer. – Augsburg : Augustus-Verl., 1997
ISBN 3-8043-0408-7

Fotos:
Pavel Fekete, München (S. 1, 2, 3, 4 o., 4 u., 5 o., 5 M., 5 u., 6, 7, 10, 11, 12, 13, 14, 15, 18, 19, 20, 21, 22, 23, 26, 27, 31, 32, 33, 34, 35, 36, 37, 38, 39, 40, 41, 42, 43, 44, 45, 46, 47, 48, 49, 52, 53, 54, 55, 56, 57, 58, 59, 60, 61, 62, 63, 64, 65, 66, 67, 69, 70)
Peter Holz, München (S. 28, 29, 30)
Christina Pfeiffer, München (S. 8, 9, 24, 25)
Einbandgestaltung: Christa Manner, München
Foto Einband: Annette Hempfling, München

Grafiken und Reinzeichnungen:
Gerd Ohnesorge, Halle: (S. 18, 31, 43, 46, 50, 71)
Andreas Schiebel, München: (S. 16, 17, 25, 51, 58, 66, 68)

Augustus Verlag Augsburg, 1997
© Weltbild Verlag GmbH, Augsburg
Idee, Konzeption, Produktion: topic Verlag GmbH, Redaktions- und Herstellungsservice für Buch- und Presseverlage, Karlsfeld bei München
Schrift: gesetzt in der Korinna 10 Punkt in Quark-X-Press
Druck: Appl, Wemding
Gedruckt auf 120 g chlorfrei gebleichtem Papier
Printed in Germany
ISBN 3-8043-0408-7